Poemas dissonantes

PRÊMIO MARAÃ DE POESIA 2019
Livro vencedor

Poemas dissonantes

Nathaly Felipe

Copyright © 2020 Nathaly Felipe
Poemas dissonantes © Editora Reformatório, Editora Patuá

Editor
Marcelo Nocelli

Revisão
Marcelo Nocelli
Natália Souza

Imagem de capa
Caio Lima (instagram@6caio)

Design e editoração eletrônica
Negrito Produção Editorial

Dados Internacionais de Catalogação na Publicação (CIP)
Bibliotecária Juliana Farias Motta (CRB 7-5880)

Felipe, Nathaly
    Poemas dissonantes / Nathaly Felipe. – São Paulo: Reformatório: Patuá, 2020.
    136 p.; 14 x 21 cm.

    ISBN 978-65-88091-09-8
    "Livro vencedor do Prêmio Maraã de poesia 2019"

    1. Poesia brasileira. I. Título.
F315p   CDD B869.1

Índice para catálogo sistemático:
1. Poesia brasileira

Todos os direitos desta edição reservados à:

EDITORA REFORMATÓRIO
www.reformatorio.com.br

Dedico esse ato aos meus líricos avós e aos lírios de seu jardim. Com eles aprendi a cultivar a voz da poesia e a ouvir as flores, mesmo quando tudo parece pedra.

Ao Pablo.
    À alcateia familiar.
            Aos gatos.
        Às Serpentes.
            Aos peixes também aves.
                  Ao que vem.
                    A você:

*Livres fragmentos:
constelações em fuga
dissonância.*

ORIDES FONTELA

Agradecimentos

muitos porque muitas são as vozes...

A

Simone Bertoldo, Luzia Noronha, José Marinho, Diva Valente, Fernanda de Paula, Eri Barros, Maira Garcia, Maria Rosa Duarte, Annita Costa Malufe, Cida Junqueira, Conceição Bastos, Marcos Siscar, Geruza Zelnys, Nícollas Ranieri, Jucimara Tarricone, Maílson Furtado Viana, Marcelo Nocelli, Revista Lavoura, Editora Reformatório, Editora Patuá, Osório Barbosa.

Sumário

17 Ontogênese
18 Supressão
19 Vocemas
20 Mitologia das águas
21 Gesto
22 Destino
23 Vapores
24 Garatuja
25 Via-cruz
27 Quimera
28 Felino
29 Passagem
30 Frenesi
32 Ancestre
33 Domingo
34 Átimo
35 Solar
36 Mandamento
37 Encenação
38 Silêncio
39 Nublagem

40 Constelar
41 Mitologia do Verbo
43 Rapina
45 Ser
46 Mundo
47 Distorção
48 Oceânico
49 Gramática do delírio
50 Passarinho
51 Diálogo do mundo
52 Sideração
53 Você
54 Instante
55 *Pulchritudo*
56 Vísceras
57 Pequeno aforisma natural
58 Suplício de Fedra
60 Sereia-partitura
61 Dia um
62 Psique
63 Meigo
64 Entusiasmo
65 Fronteira
66 Paisagem íntima

67 Alvorada
68 Excesso de dizer
69 Memória
70 Dionisíaca
72 *In manibus fortuna*
73 Eva-ave
74 Carne
76 Coralina
77 Pulsões
79 Transgressão
81 Mitológico
82 Esperança
84 Ária
85 Penas
86 Energia
87 Canto
88 Trinado
90 Fala
91 Divisa
92 Púrpura
93 Chama
94 Tu
96 Segredo
97 Desassossego

98 Nós
99 Veias
100 Vozes
101 Origem
102 Sensação
103 Viagem
104 Mar
105 Indeterminação
106 Acordo
107 Afetos
108 Aporética
109 Pena
110 Fábula
111 *Gallus gallus domesticus*
112 À Pandora
113 Não era uma vez
114 Confissão
115 Neon
116 Alvo
118 Plasma
119 Amoras
120 Verde
121 Vaga
122 Ordem

123 Inspirar
124 Eco
125 Sangremos
126 Legado
127 Gesta
128 Icária
129 Gosto
130 Silencio

132 Posfácio – Da asa e do salto
     MARCOS SISCAR

Ontogênese

O pássaro
                      azul-levava
em penas muitas
                      e no bico
as origens do mundo
:
ouvindo sereias, perdeu-se.

Encontrou abismo.
                      Alçou voo.
E nas asas encontrou
[poesia]

Supressão

O fim da tarde dói
rompe feridas púrpuras
— horizonte —
ruído d'água
o escuro projeta vazio
vozes de stellas perdidas.

A voz do mar mareja.
Soa surda em gotas de areia.
O silêncio esgota reflexos de céu
escorre pelos esgotos.

Agosto. Frios:
a tarde queima. Apaga.
À tarde, o cais corrói:

— hematoma de céu —

Vocemas

O flagrante-assombro:

Pássaros despedaçando o firmamento.
Séculos-fera.
Vocemas inaudíveis.
Porvindouros.

Apenas um inteiriçado
permanecendo
pássaro:

ponto de exclamação   no céu

breve vida
plana

                                  inamovível

brava vida
plena

                                  voo impossível.

Mitologia das águas

Fantasma divino,
em cujo seio agasalha
um menino
          o que há de vir
          o que já não é.

A água é fêmea:
suave manto invertido.
É constelação inaudita,
no caos saturnino,
dança cósmica.

No colo,
      a criança chora:
A mãe colhe conchas.
A mão é um útero líquido.

Gesto

Minha mãe criava peixes
no gesto
incerto
do cesto de flores.

Destino

Círculos concêntricos
expiram em luz morna.

Na morte das horas,
o excesso desfia.

Voo imprevisto,
sinal ínfimo?

Torrente, o pássaro

[desesperada
serenidade]

cumpre sua
lúcida sina.

Vapores

Às vezes,
o discurso
liquida:
o silêncio.

Às vezes,
o silêncio
entorna:
o líquido.
[apavorado evapora]

O silêncio lava tudo:
O discurso. O vapor.
O pavor do silêncio.

Garatuja

A nossa memória é analfabeta
mas insiste em balbuciar a
língua secreta das flores,
dos céus, dos poentes.

Sua caligrafia, se fosse,
seria garatuja enrodilhada
verdes ramos entrelaçados
à espera de luz morna.

Sua gramática, se fosse,
    a da rosa
– delicadamente selvagem –
livraria incerto bálsamo terno,
mesmo nos penosos espinhos.

Porque a rosa, quando rosa,
desfolha-se em reminiscência,
despedaça-se em pétala errante
e por ausentar-se do pálido ser
cumpre-se em ciclo-eternidade.

Via-cruz

o raio-luz
não traduz
o que é cruz
no caminho
das serpentes
celestiais
no rio-luz
rio profundo
purulências
de cruz que
quase sendo
       não
escorrem
em espelhos-
primais
o raio-luz
retraduz
a via-cruz
a via-sacra
da existência
  afronte

do céu
    cujo ser
       serpenteia
no silêncio
       das águas
    primordiais

Quimera

no passo rasteiro
trespassam asas
          suspiro

no passo rasteiro
um pássaro cai
          transpiro

o passo certeiro
invade voraz:
garras ressoam
e bicos miam
ainda mornos
          piro

Felino

No mundo
expurgo
espólios
sobrevida.

No alto
um gato
(*in*)suspenso
armadilha.

Passagem

O tempo tudo apaga
menos a memória
cicatriz
não paga
passagem-
aragem.

O tempo tudo refrata
e imagem ingrata
interdita
brisa, flor & miragem.

O tempo-tudo
rebelionário
intempestivo
fractal
é flecha
intento
a cegar puro
fragmento.

Frenesi

No rastro do mar profundo
as oceânicas marejam:
é manso nas ondas?
Vozes: visões afogadas.

Ao fundo, infindas penas
luminosas, mudo canto:
Sirenas pássaros-fêmeas,
lua-maior.

Som alado, fisgado
sol-bemol:
dia eclipsado
desejo.

Stella d'aurora
fecundação:
encantos incautos
despejam.

Ventres rompidos
vertem saudades:

abismo

Damas aladas
dançam marinhas:

incurso das águas mães.

Ancestre

No jardim ancestre,
aprendi a ouvir lírios
de certa poesia flor
mesmo se semeados
em cruas lápides
certos cultivos da dor.

Entanto, mesmo na pedra,

em silêncio mineral
subjazem delírios
um mote cativo
um estranho torpor
do arado que almeja
sensível interpor
enforcada flor.

Domingo

– adorava comer mexerica
após o almoço de domingos invernais
tangida pelo sol-menor
talvez por isso mesmo
acolhedor
daqueles dias ficávamos
 eu e minha avó a
fitar o jardim
nutrindo-nos gostosa e
citricamente das intrigas
das joaninhas e tatus-bola
mexeriqueiros dominicais
regados por uma fina melodia
de mornos silêncios.

Átimo

O tempo é mito.
Mirabilia.

Ácido.
Águia.
Mariposa.

Escorre pelas mãos como se fosse...
    [Asas]
  Aspas de uma vida.

Solar

O sol invade sentidos
íntimos gritos.

O sol dinamita vidas
perdidas fontes.

O sol circunda o jardim.
              luciferino

O sol viola manhãs
rasgados ventres.

O sol serpenteia o ser no centro do dia.
O sol rejubila perante seu rastro.

[lágrima matinal]

Mandamento

cava profunda
mente
baila cruel
mente
dorme lenta
mente
trava mental
mente
cria impune
mente
colhe fina
mente
                lança lasso
caça lenta
mente
enterra profunda
mente.

        profundamente:
        funda e mente

        fundamente:
        rompe o laço.

Encenação

Roubaram-me o silêncio.
Obrigam-me a dizê-lo.
Assombro   leitura.

Rastros
Gestos, restos
Assombro   escritura.

Repouso na transparência
das horas que não são.

A coisa indigesta desperta:

Gregário à escuta
espacializo: olhar surdo, mudo.

Silêncio

Círculos concêntricos
invadem vazios.
Rasgam o silêncio,
esta intranquila
lavra.

Nublagem

Nuvens invadem:
caem no esgoto
pingam o meio-fio
arrastam as horas
pisam a tarde
devoram a manhã
doam a dor.

Nuvens passam:
voam cansadas
ritmo trespasso
escorregam
compasso.

Nuvem cintilam:
é quando final
mente esvanece,
em trégua, a treva.

Constelar

A palavra fere
a lavra dos astros.
A palavra-fera
explode: (a)história constelar.

Mitologia do verbo

Decore-me
Copie-me, devaste-me:
dita o poema.

Guarde-me em seu coração.
Copie-me, devaste-me:
seduz o poema.

Olhe-me, guarde-me.
Copie-me, devaste-me:
trilha o poema.

Trace-me, vele-me.
Copie-me, devaste-me:
lucida o poema.

Repouse-me sob seus olhos.
Registre-me: banquete-morte.
Fragmente-me, fotografe-me.
Copie-me, devaste-me.

Deseje-me,
exploda minha ausência.

Copie-me, devaste-me
ao revés dos véus.

Supere-me, encarne-me:
        festa em luto.

Rapina

Pequenas aves serpenteiam
o silêncio lúcido
da luz que cega,
no céu concêntrico.

Dias-pássaros.
Circuito ancestral.
Lavra, sangue, aurora, tempo:
esta concha perolada.
Perdida.

Olhar reteso,
inação calculada:
captura-se o voo?
Pressa constelar.

Abafo o voo,
em asas tensas,
suspensas,
eternas, imorais.

No meu bico, carrego
o torpor do tempo.
Serpenteio o céu
essa presa tranquila.

Ser

Para ser árvore
basta regar-se do torpor
das horas que não são,
dos dias que não vêm,
dos ventos que só sopram
no marasmo terrível do
dia-e-meio.

Para ser bicho
basta nutrir-se do sangue
da aurora, da presa abatida
deliciosamente mantida
na mística caverna.

Para ser gente
basta desnudar-se
do verbo, aceitar a
vesguice da liberdade.

Mundo

na imanência perversa
o mundo aço versa:
        puro sangue argamassa

Distorção

Quando os dias não vencem,
as imagens lucidam.

Como é possível medir
o tempo?

A imagem de ontem
figura no hoje:

– eco retorcido
anjo calado –

Anacrônica asa
signo da história.

Oceânico

Os sobreviventes do inabitado
auscultam conchas silentes,
lacrimadas.

As conchas apiedadas
do choro do mar,
transmutam destinos:

areia
pedra
nácar.

O mar, lamento, enerva.
Sangra a carne perolada,
violenta-a.

Expõe sua víscera-
        coração.

Os viventes do ermo
emudecem
[um ciclo cumpre-se]

Gramática do delírio

No começo não havia
verbo, só delírio.

Descomeçou-se o delírio
e o já velho verbo veio.

O que o verbo não sabia?

[O poeta surdo-mudo não se submete à gramática
de começos]

Sempre recomeça. E o verbo,
este pobre acuado, delira.

Passarinho

Ontem amanheci passarinho.
    Poético.
Hoje descobri certas asas.
O danado é voar fora delas.
Nunca fui afeita a procissões.

Diálogo do mundo

No rente da sua voz
há tumores de palavra.

Seus braços pêndulos
suspendem engenhos.

Em corte, sua ave
    repelida treva
           trava.

No rente da sua voz,
há rumores, riscos, lavra.

Seus montes tensos
rompem amanhãs.

Em corte, grave
   sua nave ente
        para.

No rente da sua voz,
abismo de luz me encarna.

Sideração

A constelação de dentro apaga o céu?
O que sobra ao pó dos seres?
Sidera-me o vento agora e sempre.

Você

Você não pôde
divisar a paisagem.

Tão próxima, tão ínfima.
Em cores pálidas,
daquelas manhãs distantes.

Você não pôde
divisar a paisagem.

O entorno das árvores,
das igrejas dos volantes.

Você não pôde
divisar a paisagem.

É então que o tempo
espacializa e você
tão estrangeiramente
real, finca os pés no chão:
vulto de sopro selvagem.

Instante

Pacífico, o mar reflui sobre as telhas
do pequeno vilarejo aéreo ancorado
na cicatriz do homem. O azul do céu
ilude
pássaros-marinheiros
que derivam seus ninhos à sorte das
calhas, do vazio etéreo.   Sempre em
absorto e destilado instante-repouso.
[sem asas]
A vida enlouquece.

Pulchritudo

Beleza: dado objetivo?
Ordem cósmica.
Simetria brutal.

Beleza: estudo das sensibilidades?
Ordem estética.
Assimetria fulcral.

Aflição sem fim:
maldita planta retorcida
abismal.

Vísceras

O que impele não é a beleza dos corpos,
nem suas tramas sensíveis,
mas as vísceras do animal,
prestes a abater – primeira presa.

O que impede não é a frieza dos corpos,
nem suas gamas terríveis,
mas as vísceras do animal,
prestes a debater – última presa.

Violência, minha irmã,
morna embriaguez!
Primeiros raios d'aurora,
eu vos saúdo!

Eviscera! Estripa! Desentranha!
[E aí se fez a santíssima trindade]

Pequeno aforisma natural

Não é pelas armas, mas pelo amor e pela generosidade que se vendem as almas.

Suplício de Fedra

Silêncio de cristal
vagas divagam.

                Quebrantam nas
                pedras-chagas.

Vagas fragas,
pedras de praias
vagas.

                Vago silêncio,
                dilacera o vento
                — poeta.

Árias-sombra:

                encarnam
                a corda

                acasos.

O mar mareja:

            acordam
            correntes.

A pa
lavra
cala.

            Amor
            tece
            a que
            da o
            salto
            mortal.

Ondas enforcadas fundam lágrimas.

Sereia-partitura

Uma dama enerva
uma harpa.
Toca ao oceano.
Vibra o som silente
do chamado.
Quando foi que perdi
minhas asas?
O intempestivo sugou
o horizonte.
Perdi o leme.
Eu vejo. Mas como
ouvirei?

Dia um

Envereda teu curso
entre circuitos de lúmen
renasce do lodo e relima
mortalmente a treva da
cruz percurso.

Nas centúrias dos segundos
passos vivências rendem o
teu destino tu que agitas
e os ares defrontas
primeiros fecundos.

Intransitivo transita
invade veredas irrompe
mundos vagas dias
altera o que te preluz
afoga tua fonte ínsita.

Psique

O cálculo
egoísta.
Algoz de si mesmo:
a economia psíquica
jorra.

Meigo

Magia dos conceitos
  &
Banalidade dos astros:
  cristais
  dramaticamente
  atomizados.

Entusiasmo

A fonte é afronte dos céus
a potência de criar jaz em ti.
Ao horizonte sob puros véus
a língua segreda puro frenesi.

[teus lábios secretam caosmos
teus gestos recriam o agora, aqui]

Fronteira

O horizonte
linhavíscera:
colina devastada.

O horizonte
ancestre azul:
diferença.

Linha a contrapelo,
ao fundo eviscera
a linha mesmo:
rastroausência.

Paisagem íntima

A presença
não minha
situa o horizonte.

Paisagens
passeiam-me.
Arrebentam limites.

[o amor se doa]

Alvorada

Sob o helianto desgastado
no alto do céu
você se livra
de uma sombra
solar.

Luz infinita.
Visão vária
florescem
espelhos d'água.

É assim que
reflexos espontâneos
abrasam

Lá.   Onde?

A alvorada rasteja.

Excesso de dizer

O poema reúne-se:
origem-silêncio.

Pedido tácito.
Inspiração?

Tonalidade afetiva.
Indizível. Nada se diz.

Apelo mudo
do mundo
das coisas
inexprimíveis.

No horizonte último,
silencio. Tudo digo.

Memória

Memória:
espelho-chaga
imagem invertida,
vertendo *ad infinitum*
adagas inférteis.

Memória:
espéculo d'água
crisálida cristalina
ventre eterno prenhe
vazio fundante.

Dionisíaca

Na trama de Ariadne
perdeu-se o fio último
da lógica-fracasso.

Algoritmo ímpio
de um sonho incontido
nos parênteses do mito.

A tessitura aérea
recalca o canto inaudito
do labirinto-compasso.

O fino fio escorre
em espelho d'água
de olhos taurinos.

O novelo se distende.

Não há voz dos que
habitam o dédalo pantanoso
onde bailam as sombras

noturnas da morte,
meu vale preferido.

Na urdidura do sonho-laço
Ariadne me assalta
cumpre-se a fibra do tempo:

Acordamos, enfim,
entrelaçados
nos braços de Dioniso.

In manibus fortuna

cálice torpe lama primal
códice entorpecido
penas   muitas
muitas penas
procelárias
atormentam
pelo
destino
prescrito
a um pássaro-fêmea

Eva-ave

Entanto o pássaro pousa.
Insustentável leveza se
insinua sob um seio.

Asas de aço
      sucumbem
           meu corpo:

Carne

Na carne da minha
voz de vermes baila
colérica a vida
alegoria-escarlate.

Em oposição
àquela toda in
natura divina
minha carne-voz
encarna os fulcros
purulentos do
já incontido ser.

Minha voz tem sangue,
escorbuto e cor
escorre da boca
parasitária (de
causas perdidas dos
sonhos ausentes) o
bafo árido de um
grito em suspenso.

No rente da minha
carne-verme-voz
sempre despojada
à podridão dos
impulsos do tempo,
inflama um gesto:

a larva cava sua sina
e da putrefação
de um abafado
último rumor
da minha silente já
voz não
insurge
uma desbotada
mas rubra flor.

Coralina

O fundamento da alegoria
correntemente evocada,
ou talvez invocada,
na experiência poética,
seria a identificação integral
do sujeito com um objeto qualquer?

Por exemplo:

No inverno, quando o sol não aquece
mas se apaixona pela tarde coralina
você é a árvore empassarada de luz,
titicada pelas sementes da existência
que os passarinhos espalham dóceis
com seu canto dormente, desvairado.

Pulsões

Pulsou três vezes ainda

antes do
pulo
mortal.

Um corpo roto
no chão da sala, rubro.

Não quis voar,
ímpeto de sonho.

Fetos de luz desnascem,
saltam no vazio.

Flores que não se colhem,
nem nascem em pedras.

O corpo estirado,
a pequena rosa.

Violentada pela vida
escolheu nascer em palavra.

Transgressão

Denuncio-te cristal, asa reversa
refração sob o espelho-
tempo fractal ritmado.

Sigo-te, defronte à fonte perversa
tensão de eco espesso
ácido átimo, oceano negado.

Cumpro-te olhar-cisterna:
plumas de peixes ancorados
tombam.

Antevejo, carne-lucerna
agora teus fluidos aflorados
cantam.

Aurora, teus cães translúcidos,
rasgam o escuro, ao horizonte linha,
com dentes brilhantes.

Asas vitais, arranjos lúcidos,
suspendem o acuro
em suspenso, transgrido.

Mitológico

Atravesso o Estige, a nado,
ao nada, delego Creonte
e o tempo, essa libélula
perdida morre.

Esperança

Asas retesas suspendem o voo.
Eterniza o pouso-momento.

Um olhar subjaz:

O pequenino pássaro
respira. Seu coração
valsa sístole-
diástole.

De repente,
o corpo para
suspeito arfa

vai e volta,
volta e vai
vai e volta
volta e cai

irrompe ínfima veia.

O gentil pássaro ouve
ária solitária.

Ária

As notas caem
Como gotas áridas
Na melodia muda e
Oca de cada arfar
Seio profundo
Que insiste em fumar
Os dias como se
Cigarros fossem

Penas

Dias-pássaros
perseguem
a rosa dos ventos
rota anárquica.

Penas muitas
singram
no rumo morno
do tempo que
agora
não
é.

Energia

Ostranenie poético:
> alta voltagem estética.

Canto

o eu do canto
não penetra
a peneira
da lei

o eu do canto
acalanto cai
caminhar-bêbado.

o eu do canto
não penetra
a parede da lei.

Trinado

A cadência do espaço
desampara as horas.

Como espacializar o tempo?

Fincar memória-carne
azul assombro
verde, traço-demência:
rubra fonte.

O sangue não
esquece.

O sangue não
perece.

O sangue:
espaço-tempo
carne espaçada.

Como contemporizar o espaço?

A dissonância
dilacera a
paisagem ao
passo:

a cadência do espaço
descarna as horas.

Fala

Poema esquecido
amesquinhado
potência de quase
não reverberar
verbo imberbe
cotidiano hino
sem quase estranhar
[verso-entranha]

Divisa

Vizinhar:
hábito de proximidade.

Poesia, pensar:
sagas, talvez, da ciência
[me diga você e
o céu se faz].

Pensamento, poetar:
vizinhança... há divisa?
[me diga você e
o céu da sua boca
da nossa boca
refaz:
fábula do dizer]

:

cercanias da iminência
[me diga, você]
habitamos: imanência.

Púrpura

a orquídea-vento
redemoinha sua
pétala: destino
o cristal alento
germina purpúreo
rio: vespertino

Chama

De quais instantes em rostos
ouviremos olhares, sóis rotos
fundeia de escuta, angústia?

Por este nome chamar
âncoras, asas a tombar
mãos que olham: urgência.

Qual redenção, em estupor
lágrima-rito, presa alada?
haverá de nascer ave, rumor
peremptória pressa, calada.

Chamar é andar, enfim vadiar
transpor alamedas, traves, sedas.
Ouvir com as pálpebras, suspirar
e em silêncios, topar lavras ledas.

Tu

Teus ouvidos:
Sonoros búzios.

Tua música:
Remos vazios.

Tua sombra:
Saibro de horas.

Tua vida:
Mar afogado.

Tua sina:
Desmanchar-se em sono.

Tua angústia:
Romper surdo o cântico do tempo.

Tua morte:
Auscultar conchas, vento-contrário, primavera
                                                    perdida.

Teus amores:

Colher peixes, libertar sóis, preparar saudades,
                              sempre adormecer.

Segredo

A música é secreta
sagrada secreção.
A música é poeta
profana ascensão.

Desassossego

O horizonte último
cor metálica
penetra
o sossego das árvores
o ritmo das nuvens
o alheamento dos pássaros.

O horizonte último
metaliza penas
subverte paisagens
dinamiza corpos
irrompe –

O horizonte último voa pesado.

Nós

Quando o limiar recua
a profundidade do hiato
de gente
se pulveriza.

Assim e sempre:
o ato é gênese
convite perpétuo
auscultação
fibras do
outro em
nós.

Veias

Quando atearem
as ruas, nas bruxas,
procurarei absolvição.

Mesmo que se arda:

As veias mágicas
são a via-pública
que o corpo esconde.

Quando atearem
as bruxas, nas ruas,
inventarei salvação.

Mesmo que se arda:

As vias mágicas
são a veia-sacra
que o corpo irrompe.

Vozes

Vozes ondeiam o escuro.
Quem as entoa?
Vibram fibras sonoras.
E um tempo incauto se cala.

O pulso move obscuro.
A flor, inamovível, desabotoa.
Vertem chagas porosas.
Afundo, a cadência avassala.

Origem

: cessaram sozinhos, os olhos,
quando tua face da lama
verteu. No céu da
tua boca   opaca
estrelas jaziam. Frias.

Sensação

Órbitas suscitam montes,
pés abandonam-se no ar.

Braços encarnam ondas,
tranças enovelam galhos.

Ouvidos beijam fontes,
bocas se revestem, limiar.

[a errância do corpo penetra a carne do tempo]

Viagem

O que resta da viagem?
Um diminuto retrato cego,
perspectivas, aragem.

Círio inerte: estiagem.
Travessia-em-flor: deserto.
Telas tristes, linhagem.

Mar em exílio: miragem.
Velas dormentes: decerto.
Império, sono e pilhagem.

Mar

avança a espuma
embala a errância
bebe o horizonte

Indeterminação

Vida, eterno éter renegado,
urge em asas dolentes
muda teu torpe estado.

No universo curva assim
métrica dimensão, a luz é
onda partilha: partícula rara.

Acordo

Limiar: sombrear
de sono.
Sonho não vigiar.
É já tarde:
dissono.

Limiar: arrastar
de sonho.
Entre o sono,
a vigília, o arado.

Limiar: arfar
o insuportável do
dia. Acordar.

Afetos

I
só o uivo cala
o hino, comum vala

II
aquelas cores sonoras
destilam amaros amores

III
acordar nestes tempos é morte
intento a cegar toda manhã.

[*e como fenômeno estético a existência ainda nos*
é suportável]

Aporética

Aporia:

Flor
Inseto
Impasse

Poder não.

Pena

garras cegas dos
muros da lei lançam
minha carne o peso
dos murros da lei
corrói minha asa
pena mortal.

Fábula

o desconserto
rompe a mente:
conserto, dis-
serto, de certo
o desconserto
é abrigo não:
o estranho que
me habita:

consertar-me
é abraçar isto:
não há conserto
há concertos: e
no incerto inserto
certo concerto de
palavra-muda:

[um inseto grita]

Gallus gallus domesticus

Milhei palavras
lavrou-se a galinha
sozinha. Sem
ovo. Acabou-se a
aporia?

Aflito, o impasse
rasteja nas asas
rasteiras, no bico
pequeno da ga-
linha gregária
horizonte,
várzea
assim dom-
esticada.

A poesia só faz.

À Pandora

A memória é
crua fechadura
que não cessa de arder
e queimar os dedos.

Não era uma vez

Ao abrir a janela,
a criança banhou
seus olhos gentis
no seio da aurora rosada.

Ao abrir a janela,
a criança pulou
seus medos hostis
são agora manhã rasgada.

Ao abrir a janela,
a criança alçou
voo último, ardis,
só restam, memória negada.

Confissão

Quando era pequena, meu avô, que se
desdobrava como
não podia para me criar, levava-me para passear
de ônibus, só de
camiseta e calcinha de frufrus.
A cabeleira desgrenhada esvoaçava feliz.
O ranho escorria úmido, quentinho.
Era a aparição de um espírito liberto.

Neon

A floresta arde.
A cidade fede.
O olhar mareja.
O pulmão escurece.
O céu desaba.
A luz se desfaz.
A floresta agoniza.
A cidade, atônita,
aos poucos, res
pira partículas

Não há mais luz.

Alvo

O seio da
noite arfa.

Olhos ardis
no pulso
cirandam.

Alva
a coruja
cintila

[caos]

A noite
vermelha,
o verme
resta.

No cosmo
véu retalho
as estrelas
predam.

Em veredas,
a luz vaste:
ave afixa

[desejo]

Plasma

o plasma é cadente
e infindável sua asa

[a asma no canto perpetra voos

fugidio o tempo
        víbora
seduz o canto
inventa asas
ares de velas
guerras aladas

atrás versa céus]

a asa é infindável
e cadente seu plasma

Amoras

A carne das horas
em flores flutuam.

A pétala lúcida
reinventa espaço.

A carne das flores
em horas flutuam.

Humores de aromas
exalam ventos.

Amoras irrompem:
carne, flor, tempo.

Verde

No canteiro dos
quintais destoa
rasteiro o verde
cântaro dos dias
abismais.

Vaga

ao memorar
se desapossa
ao se findar
se floresce:

        lúmen & ária
        a vida amortece

ao desapossar
se memora
ao se vagar,
remanesce:

        ária & lúmen
        a vida enlouquece

Ordem

Comparece um ciclo
adianta-se em morte:
palavra-mote ordem
de já não ser dilata.

Arrefece um tempo
alardeia-se a sorte:
urgência-desordem
e a vida omoplata

escarlata

[meus ombros desmoronam o mundo]

Inspirar

Não há falta na ausência.
A essência da carência
é fantasma do si
a transpirar [reminiscência].

A ausência é um estar em mim.
Sob ecos a existência
é rastro em si
a inspirar [imanente iminência].

Eco

dizem que a poesia canta
mas ela só murmura
quem canta é a fala
porque nata embala
uma origem muda

Sangremos

Não há luz que resista
à ranhura do tempo.

Não há pio que insista
sob o calor do vento.

Não há cruz que repita
a sucursal da vida.

Não há quem persista
à lucidez servida.

Por isso:

                sangremos ao singrar
                o estigma caótico o
                livramento louco
                o cantar do rouco.

Legado

Lego ao vento
o alinhamento.

Desalento:
a vida basta em si.

Gesta

Sereias não cantam:
gritam ausências.

Sereias tecem,
peneiram mares.

Sereias não traem:
atraem saudades.

Sereias nascem,
vertem mudos ares.

Sereias não sofrem:
sua carne é sofrer.

Sereias cirandam:
sua sina? Viver.

Icária

A cauda do peixe-fêmea
queria rastejar o chão dos céus.
Alçou voo veemente:
caiu alto, era abismo demais.

Gosto

Gosto do gesto ínfimo das formigas.
Da preguiça gostosa das árvores.
Da vida crepuscular dos sapos.

Ser gente é chato.
O barato é manter-se nascente.

Gosto do tilintar dos pássaros.
Da luz morna das tardes primaverais.
Da falta que me faz existência.

Ser gente é chato.
O barato é manter-se ausente.

Silencio

Silêncio
Excesso de dizer.
Tudo está dito.
Nada se diz.
Exceto ao dizer,
Nada se diz.
Tudo está dito.
Silencio.

Para Valéry
Entre o cálculo e a imaginação compareço pássaro.

Posfácio – Da asa e do salto

A poesia de Nathaly Felipe é comparante e alusiva – tanto no modo ousado, em prol do estranhamento ("Ostranenie"), quanto no modo didático (recorrendo ao "Por exemplo"). Aposta tudo nas imagens, e não faz por menos. Para entrar no jogo, é preciso aceitar que a poesia está inclusive onde a palavra dá um salto (um "pulo / mortal"), onde flerta com a morte ("silêncio"), onde o pulsar da palavra se traduz em "rubro".

Há uma espécie de energia na angústia que coloca em contato bastante próximo a melancolia de ária ("As notas caem / Como gotas áridas") e a resoluta pulsão de vida ("colérica a vida"). Embora se alimente da subjetividade, essa exposição das vísceras a excede em muito, e acaba por convergir com o fechamento do sujeito, que passa a se mostrar inscrito na exterioridade da paisagem, determinado por ela ("paisagens passeiam-me"). É verdade que alguma eventual "confissão" diz, quase em prosa, a beleza daquilo que é simples e sem palavra (*infans*), na sua liberdade de origem; mas a verdade é que, em *Poemas dissonantes*, o mundo todo parece se subsumir às analogias da imagem.

Dentro de uma tradição em que a poesia é chamada frequentemente a explicar seus fundamentos e sua razão de ser, toda a "ontogênese" do poema (ou do poeta) depende de que o aceitemos pássaro ou peixe, ou ambos (na figura do belo poema "Icária"). Se, em "Gesto", a mãe "criava peixes" como flores (sendo talvez legado do momento matricial o gesto de "colher peixes"), o pássaro é reivindicado como figura central e igualmente matricial. O pássaro é a vida mínima, o "sinal ínfimo", uma asa que plana na superfície de seu voo. É o lugar da leveza, embora carregue os hematomas da destruição.

O leitor perceberá que, assim como esse voo de pássaro, a poesia de Nathaly é delicada, dedicada à lógica da asa e do salto. Coloca-se inteira na proximidade anagramática (mais especificamente palindrômica) da "Eva-ave", para onde confluem a origem, a mulher e o pássaro. Seu voo não se projeta somente no risco do ar, no perigo e no traçado da altura, mas (sendo flutuação de alguma maneira) também se sustenta no líquido, no morno silêncio líquido da vida e da família, numa espécie de simulação de útero.

O líquido pode ser entendido como o elemento do sujeito-fêmea. Criatura desse oceano, a "sirena" mantém em proximidade estrita a experiência da poeta ("pássaro-fêmea") e seu outro (o "canto da sereia" da poesia). Em outras palavras, ainda neste ponto não se trata de uma contemplação tranquila do real, mas de um ímpeto que assume o próprio risco. Como se o impulso das asas de Ícaro não se consumisse apenas com o calor do sol, mas tivesse paralelo direto com o rosto refletido de Narciso, enfrentando o perigo das coisas que, como espelhos, florescem no cristalino da água ("florescem / espelhos d'água"). Olhar-se é entrar na lógica do "espelho-chaga", é submeter-se ao "espéculo d'água", consentir-se "ventre eterno prenhe" e "vazio fundante". O lugar de "silêncio" que está em jogo nessa teoria poética é, portanto, cálido e ameaçador, "intranquila / lavra" de um estar no mundo, exposto à sensualidade e à violência dos sentidos.

No idioma secreto, mas ao mesmo tempo muito exposto, que vai se constituindo a partir daí, a "aporia" aparece à poeta como florescência que coroa com seus dilaceramentos o cuidado dos dias – a cesta de flores-peixes que lhe compete. Recusando o círculo do ovo e da galinha, a poesia propõe deslocar o jogo vicioso do sujeito e do poema (o jogo da origem do sentido), instalando-o mais diretamente no impasse. A pulsão da escrita, por exemplo, substitui o erro da memória ("A poesia só faz"), mas só pode exercer a palavra e o ato aceitando os limites impostos pela domesticação: a palavra está "nascente" e "ausente", entre a memória e o florescimento, entre o amortecimento e o enlouquecimento ("Vaga"), entre o vago e a vaga.

Com uma tonalidade afetiva próxima da melancolia, a poesia é "eco" de uma vida muda. A vida *muda*: a homonímia sugeriria não só a vida que se cala, mas a vida que transforma, que busca o movimento. É passarinho, mas quer voar fora da asa.